AF371165

CATALOGUE

DES LIVRES

DE LA

BIBLIOTHÈQUE DE FEU M. E. DESPOIS

ANCIEN PROFESSEUR DE RHÉTORIQUE AU LYCÉE LOUIS LE GRAND

BIBLIOTHÉCAIRE DE L'UNIVERSITÉ

DONT LA VENTE AURA LIEU

Les lundi 8 et mardi 9 janvier 1877

à sept heures et demie précises du soir

Rue des Bons-Enfants, 28 (maison Silvestre)

Salle n° 1

Par le ministère de Me PERROT, commissaire-priseur

Rue du 29 juillet, 11.

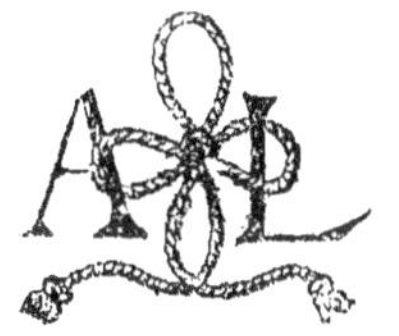

PARIS

ADOLPHE LABITTE

LIBRAIRE DE LA BIBLIOTHÈQUE NATIONALE

4, rue de Lille, 4

—

1876

ORDRE DES VACATIONS.

PREMIÈRE VACATION. — *Lundi 8 janvier 1877.*

N°s 44 à 121

1 à 43

DEUXIÈME VACATION. — *Mardi 9 janvier.*

Ouvrages en lots.

CONDITIONS DE LA VENTE.

La vente est faite expressément au comptant.

Les acquéreurs payeront cinq centimes par franc, en sus des enchères, applicables aux frais.

Il y aura, de DEUX à QUATRE heures, exposition des livres composant la vacation du soir.

Les livres vendus doivent être collationnés sur place dans les vingt-quatre heures de l'adjudication. Passé ce délai, ou une fois sortis de la salle de vente, ils ne seront repris pour aucune cause.

Le libraire chargé de la vente remplira les commissions des personnes qui ne pourraient y assister.

Paris. — Typographie Georges Chamerot, rue des Saints-Pères, 19.

CATALOGUE
DES LIVRES

DE LA

BIBLIOTHÈQUE DE FEU M. E. DESPOIS
ANCIEN PROFESSEUR DE RHÉTORIQUE AU LYCÉE LOUIS LE GRAND
BIBLIOTHÉCAIRE DE L'UNIVERSITÉ.

PHILOSOPHIE.

1. Platonis Opera, edidit Frid. Astius. *Lipsiæ*, 1819-1822, 11 vol. in-8, demi-rel. bas.

2. Pensées, Fragments et Lettres de Blaise Pascal, publiés par M. Prosper Faugère. *Paris, Andrieux*, 1844, 2 vol. in-8, demi-rel. v. f. — Pensées de Pascal, publiées par Ern. Havet. *Paris, Ch. Delagrave*, 1866, 2 vol. in-8, br.

3. Simon (Jules). — Le Devoir. — La Religion naturelle. — La Liberté, 2 vol. *Paris, L. Hachette*, 1854-59; ens. 4 vol. in-8, br.

4. Mémoires de l'Académie royale des sciences morales et politiques de l'Institut de France. (2e série.) *Paris, Firm.-Didot fr.*, 1837-1850, tomes Ier à VII. — Savants étrangers, 2 vol.; ens. 9 vol. in-4, demi-rel. chagr. vert.

BEAUX-ARTS.

5. L'Art, revue hebdomadaire illustrée. *Paris*, 1875, ouvrage en livrais. in-fol.

    95 livraisons avec eaux-fortes.

6. Les Beaux-Arts en Europe, par Th. Gautier, 1855, 2 vol. — L'Art moderne (par le même), 1856. — Voyage à tra-

vers l'Exposition des beaux-arts, par Edm. About, 1855 ; ens. 4 vol. in-12, br.

7. Annales du Musée et de l'École moderne des beaux-arts, recueil de gravures au trait, rédigé par C. Landon. *Paris, Didot jeune,* 1801-1809, 17 vol. — Salon de 1808-1810-1812, 3 vol ; ens. 20 vol. in-8, cart.

8. Histoire générale de la musique religieuse, par M. Félix Clément. *Paris, Adr. Leclère,* 1860. — Les Musiciens célèbres depuis le xvie siècle jusqu'à nos jours (par le même), ouvrage illustré de portraits. *Paris, L. Hachette,* 1868 ; ens. 2 vol. gr. in-8, br.

BELLES-LETTRES.

9. Dictionnaire de la langue française, par E. Littré. *Paris, L. Hachette,* 1863, 2 vol. en 4 parties in-4, br.

La première partie en 2 vol. est brochée. La seconde partie est en livraisons.

10. Dictionnaire national, ou Dictionnaire universel de la langue française, par M. Bescherelle aîné. *Paris, Garnier fr.,* 1866, 2 forts vol. in-4, texte à 4 col. demi-rel. chagr. vert.

11. Dictionnaire de l'Académie française. *Paris, Firm.-Didot, fr.,* 1835, 2 vol. in-4, demi-rel. — Complément du Dictionnaire, 1866, in-4, br.

12. Histoire de la littérature grecque, par Otlfried Müller, traduite par K. Hildebrand. *Paris, Aug. Durand,* 1866, 2 vol. in-8, br.

13. Nisard (D.). — Histoire de la littérature française. *Paris, Firm.-Didot fr.,* 1844, 2 tomes en 1 vol. in-8, cart. — Etude de mœurs et de critique sur les poëtes latins de la décadence. *Paris, L. Hachette,* 1849, 2 vol. in-8, demi-rel. chagr. viol.

14. Correspondance littéraire, philosophique et critique adressée à un souverain d'Allemagne depuis 1770 jusqu'en

1782, par le baron de Grimm et par Diderot. *Paris*, 1812-1820, 18 vol. in-8, bas.

Le tome XVIIIe est broché.

15. Mémoires secrets pour servir à l'histoire de la république des lettres en France depuis 1762 jusqu'à nos jours (par Bachaumont). *Londres*, 1780-1789, 36 vol. in-12, tomes Ier à XIX en demi-rel. bas. et tomes XX à XXXVI br.

16. Le Poëme de Lucrèce, par Ch. Martha, 1869. — Les Dieux de l'ancienne Rome, mythologie romaine, de L. Preller, traduction de M. L. Dietz, 1865. — Némésis et la Jalousie des dieux, 1863; ens. 3 vol. in-8, br.

17. Agrippa d'Aubigné. Les Tragiques, édition nouvelle, publiée par Ch. Read. *Paris, Jouaust*, 1872, in-8, br.

18. Œuvres de Boileau-Despréaux, avec les commentaires revus, corrigés et augmentés, par M. Viollet-le-Duc. *Paris, Th. Desoer*, 1823, in-8, br. portr. de Devéria.

Édition compacte.

19. Œuvres poétiques de André de Chénier, avec une notice et des notes, par M. Gabriel de Chénier. *Paris, Alph. Lemerre*, 1874, 3 vol. in-12, br. portr. grav. à l'eau-forte.

20. Œuvres en prose de André de Chénier. *Paris, Gosselin*, 1840, in-12, demi-rel. — Poésies de André de Chénier, édition critique, par L. Becq de Fouquières. *Paris, Charpentier*, 1872, in-12, br. — Documents nouveaux sur André Chénier. *Paris, Charpentier*, 1875, in-12, br.

21. Œuvres complètes de Béranger, illustrées de 52 gravures sur acier. *Paris, Perrotin*, 1848, 2 vol. in-8, br.

22. Alfred de Vigny. — Poëmes antiques et modernes. *Paris*, 1838. — Les Destinées, poëmes philosophiques. *Paris*, 1864; ens. 2 vol. in-8, br.

23. Œuvres complètes de Alfred de Musset, avec lettres inédites, variantes, notes, index, &c., ornées de 28 dessins de M. Bida et d'un portrait. *Paris, Charpentier*, 1865, 10 vol. gr. in-8, br. neuf.

Exemplaire en GRAND PAPIER.

24. Senecæ Hercules furens. — Thyestes. In-16, carré, reliure en bas.

Manuscrit du XVe siècle sur papier; il contient aussi quelques fragments de Cicéron.

25. Comedias de don Pedro Calderon de la Barca, recogidas por don Joseph Calderon. *En Madrid*, 1640-1674, 4 part. en 5 vol. pet. in-4, demi-rel. bas. verte.

Quelques feuillets sont remontés et raccommodés.

26. Histoire du Théâtre-Français depuis son origine jusqu'à présent, avec la vie des plus célèbres poëtes dramatiques, un catalogue exact de leurs pièces et des notes historiques et critiques (par les frères Parfait). *Paris*, 1745-49, 15 vol. in-12, v. ant.

27. Corneille. — Polyeucte. *Leyde (à la Sphère)*, 1655. — Mélite. *Paris, Courbé*, 1655. — Andromède. (*Suivant la copie.*) 1660. — Sertorius. (*Suivant la copie.*) 1662. — Théodore. (*Suivant la copie.*) 1682; ens. 5 pièces pet. in-12, non rel.

28. Théâtre-Français. — Le Pédant joué, par Cyrano de Bergerac, 1654, in-4. — Hippolyte, ou le Garçon insensible. *Paris, Courbé*, 1647. — Boniface et le Pédant. *Paris*, 1633, in-8. — La Niobé de M. Frenicle. *Paris*, 1632, in-12. — Sainte Catherine, par d'Aubignac. *Troyes*, 1717, in-12. — Les Pipeurs, comédie, par Poisson. *Paris*, 1672, in-12. — La Devineresse. (*Suivant la copie.*) 1680, in-12. — Tamerlan, par Pradon. (*Suivant la copie.*) 1679. — Pet. in-12, &c.; environ 25 pièces demi-rel. ou cart.

Collection de pièces rares.

29. Le Théâtre-Français sous Louis XIV, par Eugène Despois. *Paris, Hachette*, 1874, in-12, demi-rel. chagr. rouge.

30. Molière. Œuvres. *Paris*, 1682, in-12, rel. (tom. III). — Molière. Œuvres. 1681, in-12, rel. (tom Ier).

31. Molière. Œuvres. Éditions diverses de 1691 à 1730; environ 30 vol. in-12, rel.

Volumes détachés.

32. Œuvres de Molière. *A Londres (éd. Cazin)*, 1784, 7 vol. in-16, portr. grav. d'après Mignard, v. éc. fil. tr. dor.

33. Œuvres de Molière, avec un commentaire par M. Auger. *Paris, Th. Desoer*, 1819-25, 9 vol. in-8, portr. d'après Fragonard et gravures de H. Vernet, Devéria, Hersent, &c., demi-rel. v. bleu.

34. Œuvres complètes de Molière, avec les notes de tous les commentateurs, édition publiée par L. Aimé-Martin. *Paris, Lefèvre*, 1824, 8 vol. in-8, demi-rel. v. f.

35. Œuvres de Molière, avec les notes de tous les commentateurs, par L. Aimé-Martin. *Lefèvre et Furne*, 1845, 6 vol.

in-8, gravures de Desenne et Hersent, demi-rel. mar. r.
avec coins, fil. tr. peign.

36. Œuvres de Molière. Nouvelle édition, revue sur les plus
anciennes impressions, par M. Eugène Despois. *Paris, Hachette*, 1873-1876, 3 vol. in-8, br. (tom. Ier à III).

37. The Dramatic Works of Molière rendered into english
by Henri Van Laun, with a prefatory memoir, introductory
notices, appendices and notes. *Edinburgh, William Pater-
son*, 1875, 4 vol. gr. in-8, portr. et fig. grav. à l'eau-forte
par Lalauze, cart. angl.

38. Lexique comparé de la langue de Molière, par F. Génin.
Paris, Firm.-Didot fr., 1846, in-8, br. — Histoire des Pé-
régrinations de Molière dans le Languedoc, 1642-1658, par
Emmanuel Raymond. *Paris*, 1858, in-12, br. — Notes historiques sur la vie de Molière, par A. Bazin. *Paris, Techener*, 1851, in-12, br. — Molière et la Comédie italienne,
par Louis Moland. *Paris, Didier*, 1867, in-12, br. grav.

39. Mémoires sur Molière et sur Mme Guérin, sa veuve, suivis
des mémoires sur Baron et sur Mlle Lecouvreur, par l'abbé
d'Allainval. *Paris*, 1822. — Recherches sur Molière et sur
sa famille, par Eug. Soulié. *Paris, L. Hachette*, 1863. —
Les Contemporains de Molière, recueil de comédies rares
ou peu connues, jouées de 1650 à 1680, avec l'histoire de
chaque théâtre, par Victor Fournel. *Paris, Firm.-Didot*,
1875, 3 tom. en 5 vol. in-8, br.

40. Histoire des intrigues amoureuses de Molière et celles de
sa femme. *Sur l'imprimé, à Paris*, 1688, in-12, parch. de
129 pages.

41. Histoire de la vie et des ouvrages de Molière, par M. J.
Taschereau. *Paris, Hetzel*, 1844, in-8, demi-rel. v. ant. —
La Fameuse Comédienne, ou Histoire de la Guérin, aupara-
vant femme et veuve de Molière, par J. Bonassies. *Paris,
Barraud*, 1870, in-12, br. — Nouvelles Pièces sur Molière
et sur quelques comédiens de sa troupe, par Em. Campardon, 1876. — Le Roman de Molière, par Ed. Fournier.
Paris, Dentu, 1863, in-12, demi-rel. mar. r. fil. tr. peign.
— Documents inédits sur J.-B. Poquelin de Molière, par
Em. Campardon. *Paris*, 1871, in-12, br. — Observations
sur le Festin de pierre, par de Rochemont. *Genève*, 1869,
in-16, demi-rel. mar. bl. avec coins. — Molière, sa vie et
ses œuvres, par Jules Claretie. *Alph. Lemerre*, in-12, br.

42. Registre de la Grange, 1658-1685, précédé d'une notice
biographique publiée par les soins de la Comédie-Française.
Paris, J. Claye, 1876, in-4, br. couverture en vélin blanc.

(Exemplaire offert à M. Despois avec envoi autographe signé de M. Em. Perrin et E. Got.) — Charles Varlet de la Grange et son registre. *Paris, J. Claye,* 1876, in-8, br. *(Envoi autographe signé de Ed. Thierry à M. Eug. Despois.)*

43. COLLECTION DES OPÉRAS DEPUIS CELUI DE PERRIN JUSQUE SOUS LA RÉGENCE. 54 pièces en 4 vol. in-4, vélin.

TOME PREMIER.

1. Pomone, opéra, ou Représentation en musique pastorale composée par M. Perrin, mise en musique par M. Cambert. *A Paris, de l'imprimerie de Robert Ballard,* 1671, 56 pages, portrait.
2. L'Idylle de Sceaux. Le Carnaval, mascarade-ballet précédé de la grotte de Versailles. *Paris, Christ. Ballard,* 1700, 42 pages. *(Mouillures.)*
3. Psiché, tragi-comédie et ballet (par Corneille et Molière). *A Paris, par Robert Ballard,* 1671. *(Gravure.)* 49 pages.
4. Ballet des muses dansé par Sa Majesté à son chasteau de Saint-Germain en Laye, le 2 décembre 1866. *Paris, Robert Ballard,* 1866, 47 pages.
5. Les Festes de l'Amour et de Bacchus, pastorale, représentée par l'Académie royale de musique. *On la vend à Paris, à l'entrée de l'Académie royale de musique,* 1672, 58 pages, 4 planches. *(Le titre a une déchirure, mouillures.)*
6. Cadmus et Hermione, tragédie (par Quinault). *Paris, Christ. Ballard,* 1703, 70 pages. *(Planche.)*
7. Thésée, tragédie. *A Paris, chez la veuve Ribou,* 1720, 78 pages, planche se dépliant.
8. Atys, tragédie en musique ornée d'entrées de ballet. *Paris, Christ. Ballard,* 1676, 72 pages. *(Planche.) (Titre raccommodé, mouillures.)*
9. Isis, tragédie. *A Paris, chez Pierre Ribou,* 1717. 58 pages. *(A la suite, catalogue de Pierre Ribou, 4 pages.)*
10. Psiché, tragédie, représentée par l'Académie royale de musique pour la première fois le 19 avril 1678. *A Paris, chez Christ. Ballard,* 1703. 68 pages. *(2 planches se dépliant, la première raccommodée.)*
11. Alceste, ou le Triomphe d'Alcide, tragédie. *A Paris, chez René Baudry,* 1678. 69 planches et privilèges.
12. Le Temple de la Paix, ballet dansé devant Sa Majesté à Fontainebleau, le 22 octobre 1685. *A Paris, par Christophe Ballard,* 1685. 36 pages, frontispice.
13. Ballet de la jeunesse, divertissement meslé de comédie et de musique. *A Paris, par Christophe Ballard,* 1686. *(Planche se dépliant.)*
14. Le Palais de Flore, ballet dansé à Trianon. *A Paris, par Christophe Ballard,* 1869. 26 pages.
15. Marthesie, première reine des Amazones, tragédie. *A Paris, chez Christophe Ballard,* 1699. 59 pages. *(Frontispice.)*
16. Ballet des Saisons, représenté par l'Académie royale de musique au mois d'octobre 1695. *A Paris, chez Christophe Ballard,* 1700 *(3 planches, l'Été, l'Automne et l'Hiver, gravées par Mariette).*
17. Vénus et Adonis, tragédie en musique. *On la vend à Paris, à l'entrée de l'Académie royale de musique,* 1697. 52 pages. *(Titre raccommodé.)*
18. Le Carnaval de Venise, ballet représenté par l'Académie royale de musique. *Paris, par Christophe Ballard,* 1699. 56 pages.

TOME DEUXIÈME.

1. Bellérophon, tragédie. *Paris, chez Christophe Ballard*, 1705. 54 pages avec privilége, frontispice et 2 planches; la dernière est raccommodée.
2. Proserpine, tragédie en musique. *A Paris, chez Christophe Ballard*, 1699. 76 pages, frontispice et 2 planches.
3. Le Triomphe de l'Amour, ballet dansé devant Sa Majesté. *A Paris, par Christophe Ballard*, 1681. 32 pages, frontispice et planche. — Vers pour la personne et le personnage de ceux qui sont du ballet du Triomphe de l'Amour. 24 pages.
4. Persée, tragédie. *A Paris, chez Christophe Ballard*, 1703. 62 pages et 2 planches.
5. Phaéton, tragédie. *A Paris, chez Christophe Ballard*, 1710. 60 pages avec privilége, frontispice et 5 planches. (*Les 2e et 4e sont raccommodées.*)
6. Acis et Galatée, pastorale héroïque. *A Paris, chez Pierre Ribou*, 1718. 40 pages avec frontispice.
7. Roland, tragédie. *A Paris, chez Pierre Ribou*, 1716. 68 pages. (*Frontispice et 3 planches.*)
8. Amadis, tragédie. *A Paris, chez Christophe Ballard*, 1707. 58 pages, avec privilége. (*3 planches, les premières et dernières sont raccommodées.*)
9. Armide, tragédie en musique. *Paris, par Christophe Ballard*, 1686, 54 pages, frontispice et 3 planches. (*La dernière est raccommodée.*)
10. Achille et Polixène, tragédie. *Paris, chez Christophe Ballard*, 1687 52 pages, frontispice et une planche.

TOME TROISIÈME.

1. Thétis et Pélée, tragédie. *Paris, chez la veuve de P. Ribou*, 1723. 57 pages, avec privilége, frontispice.
2. Énée et Lavinie, tragédie. *A Paris, par Christophe Ballard*, 1690. 56 pages.
3. Didon, tragédie. *A Paris, par Christophe Ballard*, 1693. 64 pages.
4. Théagène et Chariclée, tragédie. *Paris, par Christophe Ballard*, 1695. 54 pages.
5. Iphigénie en Tauride, tragédie mise en musique par MM. Desmarets et Campra. *Paris, chez Christophe Ballard*, 1711. 50 pages. (*Le titre, les feuillets 1, 2, et 49, 50 sont refaits à la plume.*)
6. Issé, pastorale historique. *Paris, chez Christophe Ballard*, 1708. 47 pages avec privilége. (*Planche raccommodée.*)
7. L'Europe galante, ballet en musique, représentée par l'Académie royale de musique. *Paris, par Christophe Ballard*, 1697. 46 pages.
8. Amadis de Grèce, tragédie. *A Paris, chez Christophe Ballard*, 1699. 60 pages.
9. Le Triomphe des Arts, ballet. *A Paris, chez Christophe Ballard*, 1700. 46 pages. — Réponse à la critique du ballet des Arts, 24 pages.
10. Le Carnaval et la Folie, comédie-ballet. *A Paris, chez la veuve de Pierre Ribou*, 1719. 44 pages. (*Fortement mouillée.*)
11. Hésione, tragédie. *Paris, Christophe Ballard*, 1700. 45 pages. (*Planche.*)
12. Omphale, tragédie. *Paris, Christophe Ballard*, 1701. 47 pages, avec privilége.

TOME QUATRIÈME.

1. Canente, tragédie. *A Paris, chez Christophe Ballard*, 1708. 44 pages! (*Planche raccommodée.*)

2. Aréthuse, ballet. *A Paris, chez Christophe Ballard*, 1701. 32 pages. (*Planche raccommodée.*)

3. Tancrède, tragédie. *Paris, Pierre Ribou*, 1717. 52 pages, avec privilége. (*2 planches raccommodées.*)

4. Les Muses, ballet. *Paris, chez Christophe Ballard*, 1703. 67 pages, avec privilége. (*Planche.*)

5. Alcione, tragédie. *Paris, Christophe Ballard*, 1706. 41 pages, avec privilége. (*2 planches, la première est raccommodée.*)

6. Sémélé, tragédie. *A Paris, chez Christophe Ballard*, 1709. 43 pages, avec privilége, et 5 planches. (*Quelques-unes raccommodées.*)

7. Les Devins de la place Saint-Marc. *A Paris*, 1713. 34 pages, 2 planches. (*Le titre et le feuillet 1 manquent, au feuillet 7 manque la marge et le feuillet 9 est raccommodé.*)

8. Les Amours de Mars et de Vénus, ballet. *A Paris, chez Christophe Ballard*, 1712. 27 pages, avec privilége. (*Planche.*)

9. Hippodamie, tragédie. *Paris, chez Christophe Ballard*, 1708. 42 pages avec privilége et 3 planches.

10. Les Folies de Cardenio, pièce héroï-comique. *Paris, Christophe Ballard*, 1721. 86 pages, avec privilége, 2 planches.

11. Endimion, ou l'Amour vengé, pastorale italienne meslée de scènes françoises, représentée devant le Roy dans son château des Tuileries. *Paris, Christophe Ballard*, 1721. 86 pages.

12. Le Ballet des 24 Heures, ambigu-comique. *A Paris, chez Simart*, 1722. 27 pages.

13. Renaud, tragédie. *A Paris, chez la veuve de Pierre Ribou*, 1722, 60 pages, 2 planches.

14. Les Festes grecques et romaines, ballet héroïque. *A Paris, chez la veuve de Pierre Ribou*, 1723. 38 pages.

44. Œuvres choisies de E. Scribe. *Paris, Firm.-Didot fr.*, 1845, 5 vol. in-12, demi-rel. mar. citr. tr. jasp.

45. Histoire anecdotique et raisonnée du Théâtre-Italien depuis son rétablissement en France jusqu'à l'année 1769 (par Desboulmiers). *A Paris, chez Lacombe*, 1769, 8 vol. in-12, v. ant.

46. Le Roman du Saint-Graal, publié par Francisque Michel. *Bourdeaux*, 1841, in-12, br.

Édition tirée qu'à trois cents exemplaires.

47. SAND (Mme George). — Œuvres diverses; ens. 20 vol. in-12, br. et demi-rel. chagr. bleu.

Simon, l'Uscoque, 1843. — Indiana, 1842. — Valentine, 1842. — Leone Leoni, 1842. — Mauprat, 1843. — Lélia, 2 vol. 1842. — Lettres d'un voyageur, 1843. — La Dernière Aldini, 1843. — Pauline, les Majorcains, 1843. — Jacques, 1842. — Mélanges, 1843. — André, la Marquise, Lavinia. 1843. — Les Sept Cordes de la lyre, 1843. — Horace, 1847. — Autour de la table. — Elle et Lui, 1864. — François le Champi, 1849.

48. Lettres de Gui Patin, nouvelle édition publiée par J.-H. Réveillé Parise. *Paris, J.-B. Baillière*, 1846, 3 vol. in-8, brochés.

49. Correspondance générale de madame de Maintenon, publiée par Théoph. Lavallée, 4 vol. — Mémoires de Rabutin, comte de Bussy, 2 vol. — Correspondance de Roger de Rabutin (1666-1693), publiée par M. L. Lalanne, 6 vol. *Paris, Charpentier*, 1857-65 ; ens. 12 vol. in-12, br.

50. Lettres de lord Chesterfield, traduction par M. Amédée Rénée. *Paris, J. Labitte*, 1842, 2 vol. in-12, cart.

51. Collection d'Anas ; ens. 15 vol. in-12, v. ant.

Fureteriana, 1696. — Naudæana, 1701. — Bolæana, 1742. — Carpenteriana, 1724. — Chevræana, 1700. — Arlequiniana, 1794. — Evremoniana, 1710. — etc.

52. Menagiana, ou les Bons Mots et Remarques critiques de monsieur Ménage. *Paris, chez la veuve Delaulne*, 1729, 4 vol. in-12, v. ant.

A la fin du tome premier se trouvent les cartons. — Le tome troisième porte la date de 1715.

---

53. Bibliothèque grecque-latine. *Paris, Firmin-Didot fr.*, 1860, 7 vol. gr. in-8, texte à 2 col. rel. et br.

Eschyle et Sophocle. — Euripide. — Homère. — Aristophane. — Théophraste. — Appien. — Xénophon.

54. Bibliotheca classica latina, sive Collectio auctorum classicorum latinorum. *Parisiis, Lemaire*, 1829 ; environ 50 vol. in-8, br.

55. Bibliothèque latine-française. *Paris, C.-L.-F. Panckoucke*, 1re série, 1833, 71 vol.; 2e série, 1845, 5 vol.; ens. 76 vol. in-8, broché.

56. COLLECTION CAZIN. *Londres et Genève*, 1777, 119 vol. in-16, rel. et br.

OEuvres choisies de l'abbé Saint-Réal. — Poésies de M. Helvétius. — Bélisaire. — Les Saisons de Thompson. — Voyage de Chapelle et Bachaumont. — Lettres d'une Péruvienne. — Fables et contes de la Fontaine. — OEuvres de M. de Fontenelle. — Contes moraux. — Poésies de Sapho. — OEuvres de Crébillon. — Théâtre et Romans de Voltaire. — La Henriade. — Théâtre de Regnard. — OEuvres de Chaulieu. — OEuvres de Regnier. — Les Aventures de Robinson. — OEuvres de Boileau. — OEuvres de J.-J. et de J.-B. Rousseau, — etc.

57. Gœthe. — Théâtre, traduction par M. X. Marmier. — Wilhelm Meister, 2 vol. — Poésies, traduites par H. Blaze. — Mémoires de Gœthe, traduits par H. Richelot. — Les

Affinités électives de Gœthe, traduction par Camille Selden. *Paris, Charpentier*, 1841-1872 ; ens. 6 vol. in-12, br.

58. Mirabeau. — Des Lettres de cachet et des Prisons d'État, 1782. — Lettre du comte de Mirabeau sur MM. Cagliostro et Lavater, 1786. — Observations sur la maison de la Force, appelée Bicêtre, 1788. — Aux Bataves sur le stathoudérat, 1788. — Règlemens observés dans la chambre des communes pour débattre les matières et pour voter, 1789. — Lettres de Mirabeau à Chamfort, *an V*. — Essai sur le despotisme, 1792. — Discours et Opinions de Mirabeau, précédés d'une notice historique sur sa vie, par M. Barthe, avocat, 1820, 3 vol. — Souvenirs sur Mirabeau et sur les deux premières assemblées législatives, par Et. Dumont, 1822 ; ens. 11 vol. in-8, br. et rel.

59. Collection complète des pamphlets politiques et opuscules littéraires de Paul-Louis Courier. *Bruxelles*, 1827, in-8, broché.

Première publication collective ; on a joint à cet exemplaire 15 pamphlets en édition originale.

60. Benjamin Constant. — Œuvres complètes et Opuscules. *Paris*, 1796-1836, 33 vol. et br. in-8.

De la Force du gouvernement actuel, 1796. — Des Effets de la terreur, *an V*. — Des Suites de la contre-révolution de 1660 en Angleterre. — Opinion de Benjamin Constant sur le projet de loi relatif aux actes de l'état civil. — Lettre à MM. les habitants de la Sarthe. — Wallstein, tragédie, 1809. — Réflexions sur les constitutions, 1814. — De la Liberté des brochures, des pamphlets et des journaux, 1814. — De la Responsabilité des ministres, 1815. — Principes de politique, 1815. — De la Doctrine politique, 1816. — Annales de la session, de 1817 à 1818. — Questions sur la législation actuelle de la Presse en France, 1819. — Lettres sur le procès de Wilfrid Regnault, 1818. — Des Élections de 1818. — Éloge de sir Samuel Romilly, 1819. — De la Proposition de changer la loi des élections, 1819. — Lettres sur la situation de la France, 1820. — Mémoires sur les Cent jours, 1820. — Pièces relatives à la saisie de Lettres, 1820. — Œuvres de G. Filangieri, 6 vol. — Discours prononcés à la chambre des députés, 2 vol. — Mélanges de littérature et de politique, 1829. — De la Religion, 1830, 5 vol. — Du Polythéisme romain, 2 vol. — Éloge de Benjamin Constant, par Michel Berr, 1836.

61. Œuvres du comte J. de Maistre. *Lyon, J.-B. Pélagaud*, 1845, 8 vol. in-8, br.

62. Nodier (Ch.). — Souvenirs, Portraits, Épisodes de la Révolution et de l'Empire, 1861, 2 vol. — Contes, contes fantastiques, contes de la veillée, 3 vol. — Nouvelles vieilles et nouvelles ; ens. 5 vol. in-12 br. dont 1 en demi-rel.

63. Villemain. — Œuvres diverses ; ens. 11 vol. in-8, demi-rel. chagr. vert et br.

Discours et Mélanges littéraires. Nouveaux Mélanges. *Paris, Ladvocat,*

1823-1827. 3 vol. — Cours de littérature française. *Paris, Didier.* 4 vol. —
Souvenirs contemporains, tome II. — Cours de littérature contemporaine.
— Histoire de Grégoire VII. 2 vol.

**64. De Stendhal (Henri Beyle). — Œuvres. *Paris, Mich. Lévy
fr.;* ens. 13 vol. in-12, br.**

De l'Amour. — Racine et Shakespeare. — Mémoires d'un Touriste,
2 vol. — Correspondance inédite, 2 vol. — Histoire de la peinture en Italie.
— Promenades dans Rome, 2 vol. — Rome, Naples et Florence. — Le
Rouge et le Noir, Romans et Nouvelles. — La Chartreuse de Parme.

**65. Hugo (Victor). — Œuvres. *Paris, Charpentier,* 1841, 9 vol.
divers, in-12, demi-rel. mar. bleu, et *Hachette,* 1864, 5 vol.
in-12, br.**

Théâtre, 2 vol. — Cromwell. — Odes et Ballades. — Voix intérieures,
Rayons et Ombres. — Feuilles d'automne, Chants du crépuscule. — Les
Orientales. — Notre-Dame de Paris, 2 vol. — Le Rhin, 3 vol. — Littérature
et philosophie mêlées, 2 vol.

**66. Michelet (J.). — Œuvres diverses; ens. 12 vol. in-12,
brochés.**

Mémoires de Luther, *Bruxelles,* 1837, 2 vol. — Du Prêtre, de la Femme
et de la Famille, *Paris,* 1845. In-12, en demi-rel. — Le Peuple, *Paris,* 1846.
— Des Jésuites, *Paris,* 1843. — L'Oiseau, 1856. — L'Insecte, 1858. — Les
Femmes de la Révolution, 1854. — L'Amour, 1859. — La Mer, 1861. —
La Montagne, 1868. — Nos Fils, 1870.

**67. Prosper Mérimée. — Œuvres diverses; ens. 11 vol. in-8,
br. cart. et rel.**

La Jacqueric, 1829. — Théâtre de Clara Gazul, comédienne espagnole,
1830. — De la Peinture à l'huile, 1830. — La Double Méprise, 1833. —
Mosaïque, 1833. — Colomba, 1841. — Études sur l'histoire romaine, 1844,
2 vol. — Carmen, 1846. — Lettres à une inconnue, 1874, 2 vol.

**68. Prosper Mérimée. — Chronique du règne de Charles IX,
suivie de la Double Méprise et de la Guzla, 1842. — La
Guzla, ou Choix de poésies illyriques, 1827. — Episode de
l'histoire de Russie. Les Faux Démétrius, 1854. — Mélanges
historiques et littéraires, 1855. — Dernières Nouvelles,
1874; ens. 5 vol. in-12, br. et rel.**

**69. Renan (Ern.). — Vie de Jésus. — Études d'histoire reli-
gieuse. — Le Livre de Job. — Essais de morale et de critique. — Questions contemporaines. *Paris, Michel Lévy
fr.,* 1859-1868, 5 vol. in-8, br.**

**70. Œuvres complètes de Edgar Quinet. *Paris, Pagnerre,*
1857-1870, 10 vol. in-12, br.**

**71. Feugère (Léon). — Œuvres choisies d'Estienne Pasquier,
2 vol. — Œuvres complètes d'Estienne de la Boétie. —
Essai sur la vie et les ouvrages de Henri Estienne. — Con-
formité du langage françois avec le grec, par Henri Estienne.**

— La Précellence du langage françois, par Henri Estienne;
ens. 6 vol. in-12, br.

72. Sainte-Beuve (C.-A.). — Œuvres diverses. *Paris, Didier,*
1855 ; *Charpentier, Michel Lévy et Hachette,* 1867-76 ; ens.
18 vol. in-12, br.

Volupté. — Tableau de la poésie française. — Poésies complètes, portraits
contemporains et divers, 3 vol. — Port-Royal, 6 vol. — Souvenirs et indis-
crétions. — Lettres à la princesse. — Chateaubriand et son groupe littéraire
(tome premier). — P. J. Proudhon. — Chroniques parisiennes. — Les
Cahiers de Sainte-Beuve.

73. Sainte-Beuve (C.-A.). — Causeries du Lundi. *Paris, Gar-
nier fr.,* 1851-1862, 15 vol. — Nouveaux Lundis. *Paris,
Mich. Lévy fr.,* 1863-1872, 13 vol. — Premiers Lundis.
Paris, 1874-75, 3 vol.; ens. 31 vol. in-12, br.

HISTOIRE.

------

74. Titus Livius Patavinus, edidit Lemaire, 12 tom. en 13 vol.
(le tom. XII en 2 parties), in-8, v. viol.

75. Cours de M. Michelet au Collége de France. *Paris, Chamerot,* 10 livr. in-8. — Histoire romaine. République. *Paris,
Hachette,* 1843, 2 vol. — Introduction à l'histoire universelle, 1843. — Jules Michelet, par Gabriel Monod, avec un
portr. gr. à l'eau-forte par Boilvin. *Paris,* 1875. — La Tombe
de Michelet, par Mᵐᵉ Michelet. *Paris,* 1875 ; ens. 5 vol. in-8,
br. et livr.

76. Histoire de l'esclavage dans l'antiquité, par H. Wallon.
Paris, Imprimerie royale, 1847, 3 vol. in-8, br. — De l'Esclavage dans les colonies. *Paris,* 1847, in-8, br.

77. Histoire des Juifs, écrite par Flavius Joseph sous le titre
de : Antiquitez judaïques, traduite sur l'original grec par
M. Arnauld d'Andilly. *Amsterdam,* 1700, in-fol. bas. gravures.

Exemplaire taché, raccommodages.

------

78. Archives curieuses de l'histoire de France depuis Louis XI
jusqu'à Louis XVIII, par M. L. Cimber et F. Danjou. *Paris,*

1834-37, 15 vol. in-8. — Archives curieuses de l'histoire de France, 1837-1840, 12 vol. in-8 ; ens. 27 vol. in-8, br.

79. Choix de chroniques et Mémoires sur l'histoire de Fr ance publiés par C.-A. Buchon. *Paris, A. Desrez*, 1836, 6 vol. gr. in-8, rel. et br.

80. Dictionnaire historique des institutions, mœurs et coutumes de la France, par A. Chéruel. *Paris, L. Hachette*, 1855, 2 vol. in-12, br.

81. Les Grandes Chroniques de France selon qu'elles sont conservées en l'église de Saint-Denis en France, publiées par M. Paulin-Paris. *Paris, Techener*, 1836, 5 vol. in-12, cart.

82. Histoire de la civilisation en France et en Europe, par Guizot, 5 vol. — Etudes sur les beaux-arts (par le même). — Mignet. Charles-Quint, Antonio Perez et Philippe II. Histoire de Marie Stuart, 2 vol. — Notices et Portraits historiques et littéraires. *Paris, Didier et Charpentier*, 1854 ; ens. 13 vol. in-12, br.

83. OEuvres complètes de M. Augustin Thierry. *Paris, Furne*, 1846-1853, 16 vol. in-12, br.

84. Michelet (J.). — Histoire de France jusqu'au XVIᵉ siècle. *Paris, L. Hachette*, 1852, tom. Iᵉʳ à VI. — Renaissance, 1855. — Réforme, 1855. — Guerres de religion, 1856. — La Ligue et Henri IV, 1857. — Henri IV et Richelieu, 1857. — Richelieu et la Fronde, 1858. — Louis XIV et la Révocation de l'édit de Nantes, 1860. — Louis XIV et le Duc de Bourgogne, 1862. — La Régence, 1863. — Louis XV, 1724-1757. — Louis XV et Louis XVI. — Directoire. Origine des Bonaparte, 1872 ; ens. 18 vol. in-8, br.

85. Histoire de la réformation du XVIᵉ siècle, par J.-H. Merle d'Aubigné. *Paris, Marc Ducloux*, 1853, 4 vol. in-8, br.

86. L'Histoire universelle du sieur d'Aubigné. *A Maillé, par Jean Moussat*, 1616, 2 vol. in-fol. v. ant.

Les marges portent des notes manuscrites du temps, fortes piqûres.

87. La France sous le Roy Louis XIV, par P. Du Val, géographe de Sa Majesté. *Paris*, 1667, in-12, cart. (*Figures de blasons coloriés.*)

88. Mémoires complets et authentiques du duc de Saint-Simon sur le siècle de Louis XIV et la régence. *Paris, Delloye et Garnier fr.*, 1842-1843, 40 tom. en 20 vol. in-12, brochés.

89. Les Historiettes de Tallemant des Réaux, mémoires pour servir à l'histoire du XVIIᵉ siècle, publiés par M. Monmerqué. *Paris, Delloye*, 1843, 10 vol. in-12, br.

90. De l'État civil des réformes de France, par L. Anquez,
1868. — Histoire des assemblées des politiques réformés
de France, 1573-1622, par L. Anquez, 1859. — Un Nouveau
Chapitre de l'histoire politique des réformés de France,
1621-1626; ens. 3 vol. in-8, br.

91. Histoire des Paysans depuis la fin du moyen âge jusqu'à
nos jours, par Eug. Bonnemère. *Paris, Chamerot*, 1856,
2 vol. — Histoire des classes rurales en France et de leurs
progrès dans l'égalité civile et la propriété, par H. Doniol.
Paris, Guillaumin, 1857; ens. 3 vol. in-8, br.

92. Mémoire de Louis XIV pour l'instruction du dauphin,
par Ch. Dreyss, 2 vol. — Histoire de Louvois, par Camille
Rousset, 2 vol. *Paris, Didier*, 1860-1863; ens. 4 vol. in-8,
broché.

93. La France sous Louis XIV, 1643-1715, par Eug. Bonnemère. *Paris, Lacroix*, 1865, 2 vol. — Fortune publique et
finances de la France, par M. P. Boiteau. *Paris, Guillaumin*,
1866. 2 vol.; ens. 4 vol. in-8, br.

94. Chronique de la régence et du règne de Louis XV, 1718-
1763, ou Journal de Barbier. *Paris, Charpentier*, 1857,
8 vol. in-12, br.

95. Histoire de la révolution française, par M. A. Thiers.
Paris, Furne, 1837, 10 vol. in-8, portr. et gravures demi-
rel. mar. r.

96. Histoire de la révolution française, par J. Michelet. *Paris,
Chamerot*, 1847-1853, 7 vol. in-8, rel. et br.

Les tomes Ier et II en demi-rel. maroq. vert, tomes III, IV et V en 2 parties, et tomes VI et VII brochés.

97. Histoire de la révolution française, par M. Louis Blanc.
Paris, Langlois et Leclercq, 1847, et *Pagnerre*, 1862, 12 vol.
in-8, br.

Les tomes I et II sont en demi-rel. chagr. noir.

98. CAMILLE DESMOULINS. — Discours au conseil général de la
commune sur la situation de la capitale. — Histoire des
Brissotins. — Epître à MM. les administrateurs du collége
Louis-le-Grand, 1784. — Discours de la Lanterne aux Pa-
risiens. — Le Vieux Cordelier & autres opuscules. — Correspondance inédite de Camille Desmoulins, député, publiée par M. Matton aîné, 1836; ens. 3 vol. rel. et br. in-8.

99. RÉVOLUTION DE FRANCE ET DE BRABANT, par M. Desmoulins. *A Paris, chez Garnery, l'an premier de la liberté*.
89 numéros en 9 vol. in-8; caricatures noires et en cou-
leurs; quelques planches sont remontées; demi-rel. v. viol.

100. Mirabeau. — Le Courrier de Provence. *Paris*, 1789-1791. 180 numéros en 9 vol. in-8, demi-rel. v. bleu.

101. La Feuille villageoise, adressée chaque semaine à tous les villages de la France, par P.-L. Ginguené, 1790 à 1793. 4 années en 10 vol. in-8, cart.

Le premier volume commence au nº 7, novembre 1790. Le dernier numéro du 10 vol. a pour titre *Journal de l'Église constitutionnelle de France*, 11 avril 1792.

102. Histoire des Girondins, par A. de Lamartine. *Paris, Furne*, 1847, 8 vol. gr. in-8, demi-rel. mar. viol. tr. peign.

103. Révolution française. — Girondins. 35 brochures in-8.

Affaires religieuses, Vergniaud, Guadet, Isnard, Louvet. Brochures de Brissot, etc.

104. Révolution française. — Constituante ; environ 40 br. in-8.

105. Révolution française. — Réunion de brochures in-8 et in-12 sur la Montagne, Robespierre, &c.; environ 50 pièces.

106. Révolution française. — Thermidoriens ; environ 60 br. in-8.

107. Révolution française. — Directoire ; environ 50 pièces in-8.

108. La Révolution, par Edgar Quinet. *Paris, Lacroix*, 1865, 2 vol. — Vie et Correspondance de Merlin de Thionville, publiées par M. Jean Reynaud. *Paris, Furne*, 1860. — Histoire de la République française sous le directoire et sous le consulat, par Ern. Hamel. *Paris, Pagnerre*, 1872, 2 vol. — Essai sur la vie de Lazare Hoche, par E. Bergounioux. *Paris*, 1852 ; ens. 6 vol. in-8, br.

109. Révolution française. — Royalistes, émigration. 50 vol. ou broch. in-8 et in-12.

Procès de Cazotte. — Constitution en vaudeville. — Histoire de Coblence, etc.

110. Catholicisme et Protestantisme; environ 30 broch. in-8, in-12 et in-18.

---

111. Histoire du consulat et de l'empire, par M. A. Thiers. *Paris, Paulin*, 1845, et *Lheureux*, 1862, 20 vol. in-8. Les 6 premiers rel. demi-mar. r. et les 14 autres broch.

112. Mémorial de Sainte-Hélène, par le comte de Las Cases. *Paris, Ern. Bourdin*, 1842, 2 vol. gr. in-8, grav. demi-rel. chagr. viol.

113. Charras (le lieutenant-colonel). — Histoire de la campagne de 1813 en Allemagne. *Paris, Arm. Lechevalier*, 1870, gr. in-8, br. cartes. — Histoire de la campagne de 1815. Waterloo. *Bruxelles*, 1863, in-8, demi-rel. mar. brun, plats toile, tr. peign. et atlas de cartes, in-8, br.

114. Chute de l'empire, Histoire des deux restaurations jusqu'à la chute de Charles X, par Achille de Vaulabelle. *Paris, Perrotin*, 1847-1854. Les 4 premiers volumes en demi-rel. mar. r. les 3 derniers br. (7 vol. in-8).

115. Revue rétrospective, ou Archives secrètes du dernier gouvernement, 1830-1848 (publiés par M. J. Taschereau). 31 numéros en 1 vol. in-4, cart.

116. Le National du 1er janvier 1837 au 30 juin 1850. 2 années et demie formant 6 vol., dont 3 gr. in-fol. demi-rel. chag. noir.

117. Le Moniteur universel du 1er mai 1848 au 31 janvier 1849, formant 3 vol. gr in-fol. demi-rel. v. viol.

118. Brochures et Procès politiques; environ 60 pièces in-8.

119. Essais de politique et de littérature, par M. Prévost-Paradol, 1859. — Nouveaux Essais de politique et de littérature, 1862. — Histoire du gouvernement parlementaire en France, 1814-1848, par M. Duvergier de Hauranne, 1850. — Projets de gouvernement du duc de Bourgogne, dauphin; mémoire attribué au duc de Saint-Simon, publié par M. P. Mesnard, 1860 — Décadence de la monarchie française, par Eug. Pelletan, 1861; ens. 5 vol. in-8, br.

120. Histoire du second empire, 1849-1870, par Taxile Delord. *Paris, Germer-Baillière*, 1869-75, 6 vol. in-8, br.

121. La France protestante, ou Vie des protestants français, par M. Haag. *Paris, Joël Cherbuliez*, 1860, 9 vol. en 17 parties, in-8, br.

FIN

Paris. — Typographie Georges Chamerot, rue des Saints-Pères, 19.